꽃이 지는 밤은 고요해라

꽃이 지는 밤은 고요해라

지은이 · 임종본
펴낸이 · 유재영
펴낸곳 · 주식회사 동학사

1판 1쇄 · 2021년 3월 15일
출판등록 · 1987년 11월 27일 제10-149

주소 · 04083 서울 마포구 토정로53 (합정동)
전화 · 324-6130, 324-6131 | 팩스 · 324-6135
E-메일 | dhsbook@hanmail.net
홈페이지 | www.donghaksa.co.kr
　　　　　www.green-home.co.kr

ⓒ 임종본, 2021

ISBN 978-89-7190-775-7 03810

※ 저자와의 협의에 의해 인지를 생략합니다.
※ 잘못된 책은 바꾸어 드립니다.

꽃이 지는 밤은 고요해라

임종본 시집

Poems by Lim jong-bon

 동학시인선 113

■ 시인의 말

봄이 온다는 것은 얼마나 즐거운 일인가
꽃이 핀다는 것은 얼마나 눈부신 일인가
또 시를 쓴다는 것은 얼마나 행복한 일인가

시집을 준비하며 많은 것에
다시 감사하는 시간을 가졌습니다

제가 앞으로 가야 할 길에도
제가 앞으로 생각해야 할 일들도
이처럼 즐겁고 눈부시고
행복했으면 좋겠습니다

코로나19의 와중에 시를 쓰는 마음이라도
다잡아 보고 싶었습니다
시집을 들고 꽃샘 추위와 싸우고 있는
덕숭산이라도 한 번 다녀와야겠습니다

2021년 봄
임종본

꽃이 지는 밤은 고요해라
임종본 시집

■ 시인의 말 5
■ 작품 해설 119

01

감꽃 • 11
수리취떡 • 12
가을 안부 • 14
밤 벚꽃 아래서 • 15
엄마의 봄날 • 16
치즈 마스카포네 • 17
산달 • 18
수암산에 올라 • 19
라면 천사 • 20
청보리 바람이 분다 • 21
미역국을 끓이며 • 22
오월 • 24
가을 한 다발 • 25
등굣길 • 26
충청도 가을 • 28

초록별의 꿈 • 29
떡국을 먹으며 • 30
두고 온 곰돌재 • 32
길에서 길을 묻다 • 33
바람을 품다 • 34
폭염과 소낙비 • 35
상처 • 36
죽노지실 • 37
귀향 • 38
하늘빛 그리움 • 39
천년의 빛 • 40
동양의 나포리 통영 • 41
도라지 위스키 • 42
선물 • 44

02

사랑의 온도 • 47
새벽비 내리는 날 • 48
오늘 하루도 너의 것이야 • 49
언제쯤 세상을 다 아는
날이 올까요 • 50
둘레길 • 51
울산바위 • 52
죽마고우 • 53
예당호 출렁다리 • 54
지상의 별 밭 • 55
다 괜찮다 • 56
낙산사의 봄 • 58
참회록 • 59
정점 • 60
힘내라 우리가족 • 61

날아다니는 생각 • 62
보라보라 섬 • 64
배롱나무 꽃불 • 65
추억의 앨범 • 66
가을비 • 68
난달 국밥집 • 69
너를 보내며 • 70
어디쯤 왔을까 • 71
일상의 그리움 • 72
길 • 74
돌아가는 길 • 75
휴머니즘의 싱그러운 추억,
정열로 바친 위대한 숨결 • 76
풍차가 도는 풍경 • 78

03

옥쇄를 그리다 간 청춘 • 81
평화의 불꽃 겨레의 혼불 • 82
독립의 울림 • 84
자연의 신비 그 찬란한
빛과 꿈꾸는 비상 • 86
오늘도 살아 숨 쉬는 역사
가득 채우소서 • 89
오소서, 목바리 야학
그 고향 가득히 채우소서 • 90
문화의 전당
그 빛 찬란한 비상 • 92
저한당의 가을 • 95
반드시 조선을 위해
용감한 투사가 되어라 • 96
삶의 귀로 • 98
제23회 동계올림픽
평창에 서다 • 99

청년이여, 영원한 불꽃으로
피우리라 • 100
내가 죽어 조국이
독립한다면 • 102
새 희망 새해 아침 • 104
역사의 꿈 • 105
한여름 밤의 축제 • 106
늑약에 대하여 • 107
임시정부수립
100주년 기념 • 108
조선의 마지막 그 꽃 • 109
독립 아리랑 • 110
저 높은 문화예술의 산맥을
우러르며 • 112
부디 축복하소서!! • 114
역사를 쓰다 • 116

01

감꽃 | 수리취떡 | 가을 안부 | 밤 벚꽃 아래서 | 엄마의 봄날 | 치즈 마스카포네 | 산달 | 수암산에 올라 | 라면 천사 | 청보리 바람이 분다 | 미역국을 끓이며 | 오월 | 가을 한 다발 | 등곶길 | 충청도 가을 | 초록별의 꿈 | 떡국을 먹으며 | 두고 온 곱돌재 | 길에서 길을 묻다 | 바람을 품다 | 폭염과 소낙비 | 상처 | 죽노지실 | 귀향 | 하늘빛 그리움 | 천년의 빛 | 동양의 나포리 통영 | 도라지 위스키 | 선물

감꽃

먼 산
뻐꾸기 울자
감꽃 진다

허공은
작은 꽃잎

충청남도
예산군 덕산면
가루실길

낮달만한
적막이
지고 있다

수리취떡

어쩌면 충청도 떡
수리취 그 풀빛 고운 떡,

한 소쿠리
덕숭산을 담아왔다
수리취떡

절구에 메로 치고 두 손으로 치댔다
누구는 떡에서
솔잎 냄새가 난다고 했다
베적삼 냄새가 난다고 했다

한입 베어 물면
산이 쩌렁쩌렁
우는 것 같다

따라온
계곡 물소리가
들릴 듯

떡 속에는
예산 사투리가
하얀 이빨처럼
숨어 있다

가을 안부

하늘빛 그리움으로 물이 들던 날

두 손을 마주 잡고 걸어온 그 길

그것은 아무도 모를 사랑의 뒤란

여름날의 푸성귀처럼

우리들의 추억은 노을이 되어 돌아오고

가을의 안부처럼

익어가는 단풍잎, 창가에 기대어 앉네

밤 벚꽃 아래서

꽃이 지는 밤은
슬퍼라

꽃이 지는 밤은
고요해라

꽃이 지는 밤은
혼자이고 싶어라

인생의
어느 뒷골목
초사흘 달
띄우고 싶어라

성과 속
그 사이
꽃이 있고
내가 있어라

엄마의 봄날

아흔 두 해를 한결 같이 걸어오신
당신의 인생길에선
언제나 보통이 풀 듯
챙겨야 할 것도 많으셨지요

어느덧 봄 지나고 여름 지나듯
지내온 세월들 새처럼 날아갑니다
엄마의 언덕에
하얀 그믐달 조용히 떴습니다

차고 시린 인생길을
걷고 또 걸어도
엄마는 내 마음속
봄날 되어 곱습니다

치즈 마스카포네*

여덟 가지 맛 치즈 마스카포네
배냇짓 하는 아가의 속살 같다
오월의 중순 이팝나무의 향기 같다

일상을 녹여내는 저 투명함
가슴에 여자 하나 품고 사는 사내 같은
치즈 마스카포네.

---

* 마스카포네치즈: 부드럽고 신선한 아이보리색의 마스카포네치즈는 북부 이탈리아 롬바르디(Lombardy) 지방에서 처음 만들어진 크림치즈다.

산달

구순을 넘은 엄니가
'널 낳은 산달이라 몸이 힘들다'
그 말씀이 생각난다

어느덧 나도 그 언덕에 올라섰다
마흔을 바라보는 아들의 생일에

온갖 시름에 드셨던 엄니를
느껴보는 이 저녁

마음 한쪽이 자꾸만
베인 듯 아프다
엄니, 울 엄니……!

수암산에 올라

진달래 곱게 핀
고개 넘어

제삿날 아버지랑
큰댁으로 가던 길

길마중 나오던
가슴 털 노란 점박이 새는
지금쯤 어디서 날고 있을까

언덕 너머 초가집
두런대던
그리운 불빛

먼 옛날
내 마음속 수암산
아직 거기 있습니다

라면 천사
-기부왕 김병록님의 삶

고단한 삶 속에서
오늘도 그는 구두를 닦는다

때로는 라면 한 그릇도
성찬이 되어주는 삶

마른꽃 한 송이 올립니다
라면 천사 김병록님

청보리 바람이 분다

청보리밭 여울이
바닷물처럼 넘실댄다

해가 긴 보릿고개에
장에 가신 어머니를
기다리던 날처럼

마음이 서러워
마음이 서러워

이맘때면
내 마음에
청보리 바람 분다

버들피리
목이 마른
예산 덕산리

한지빛 구름이고
청보리 바람 분다

미역국을 끓이며

봄 냄새가 짙어지면
미역국 끓이는 냄새가 난다
오월이 오디처럼 익어갈 때
바다가 푸른 등을 보이면
살 오른 바지락 넣고 미역국을 끓인다
대접에 담기는 뜨끈한 서해안 한 그릇
누구는 술 한 잔에 해장을 생각하고
누구는 그 마을 훈훈한 인심을 생각하고
누구는 돌아가신 아버지를 생각하고
아니지, 아니지
생일날 어머니가 이밥에 퍼주시던
부드러운 미역국이 제일이지
조선의 눈물 같은
한 솥 그득히 미역을 끓인다
바지락을 넣고
어머니 생각에 미역국을 끓이고
집 떠난 자식 생각에 미역국을 끓인다.
푹푹 끓인다. 일회용이 아니라
우리 민족 근성을 닮은

맑은 진간장에 후끈하고 시원한
미역국을 오늘도 끓인다

오월

연둣빛이 초록이 될 때
청자빛 하늘이 거울보다 맑을 때
뻐꾸기 울음소리 마음이 무너질 때
장끼 푸드득 날아 절간 고요를 깨트릴 때
보리밭 남실남실 그리움도 깊어질 때
라일락 보랏빛 향기 첫사랑도 저물 때
고사리 작은 손이 보드랍게 펴질 때
박새 똥 하얗게 옛 생각을 덮을 때

가을 한 다발

수수목에 와서 물드는
가을 한 다발

지나온 세월 앞에
고개를 숙이는 이 겸허를

녹두꽃에 앉은 잠자리
꽁지가 빨갛다

들길은 더욱 굽어 있고
푸르던 나뭇잎들
가을 강으로 가고 있다

등곳길

하늘이 내려앉은 겨울 아침
고개를 넘어 가는 등곳길

상수리나무 가랑잎
발을 덮고
간밤 내린 눈에 찍힌
산토끼 발자국들

등잔불 아슴아슴
어머니 밤새 뜨신 스웨터는
추위도 무섭지 않았다

아직도 그 길에 남아 있을
울 엄니 온기

기러기 한 마리
울며울며
북천北天 가는 길

지금도 그곳 가면
털 스웨터 입는
소녀가 가고 있다

충청도 가을

어머니의 꽃무늬 치마처럼

울밑을 밝히며 피워내던 봉선화

선홍빛으로 꿈꾸던 깨꽃들의 빠알간 추억

새들이 다 물어가지 못한 여름을 놓고

귀뚤이는 목이 쉰다

황토빛 충청도 가을

초록별의 꿈

내가 원하는
하늘 아래 살면서
초저녁별을
바라본 것은 언제쯤일까

서쪽 하늘 가장자리
사시사철 빛나던 너의 꿈

이 시간에도
별나라 풀밭엔
초록별이 반짝이리

엄마별 옆
아기별이
눈부시게 빛나리

떡국을 먹으며

이순을 지내고 다시
두 번째 떡국을 끓였다
신생아의 울음으로 달려오던 아가가
함께 앉아 떡국을 먹는다

'밥 싫어요'
또렷또렷 의사를 전달하는
손자의 발언이 집안 가득 채워지고
고양이가 '앙' 하고 온다 하니 겁먹은
얼굴로 싫다던 밥을 오목오목 잘도 먹는다

가족의 테두리만큼 뜨거운 피가 이 세상
그 어디에 또 있으랴
아픈 얘기 서럽던 얘기 행복했던 순간들이
굴비처럼 주절주절 엮어져 나오고
부비며 지낸 짧은 추억 물들인 채

돌아갈 시간에 맞추어
다시 보금자리로 떠나간 시간들 앞에

좁다란 신작로처럼
들여다뵈는 중년의 세월

두고 온 곱돌재

나는 푸른 언덕이 있고
계절마다 다른 새가 날고 있는 시골
적막한 마을에서 태어났다

햇살이 좋은 봄에는
울 밑 병아리 품는 어미닭을 바라보며
앵두나무 그늘에서 소꿉놀이를 했고

보리가 익어가는 5월의 끝자락엔
노래하는 종달새를 따라 걸었으며
참외가 익어가는 원두막에 앉아
소낙비를 들었다

뒷동산 어귀에 늘 푸르던 밤나무
알알이 떨어지던 알밤을 주우며
단풍잎 환한 뒷길을 생각했다
아아아 고향의 푸른 잔디

길에서 길을 묻다

억새꽃 날리는
시월 언덕에서
모든 것을 그리워한다

세월만큼 가슴 젖어오는
슬픔, 기쁨 그런 것이
언덕에 서면 또 하나 길이 된다

젊은 날 꿈, 사랑, 동경
아 그 많던 길들은
다 어디로 갔을까

잃은 길 위에
또 하나 길이 포개진다
길에서 길을 묻는
시월도 그리운 언덕

바람을 품다

짙은 장마가 질펀히 지나가고
둥그마니 지켜보는 7월의 창공을
쏜살같이 파고드는 바람
연녹색 이파리 수없이 뒤집는 동안
잉태된 태동을 만지듯
삽시간에 정신이 파랗게 물든다
헤픈 낮달이 주저앉은 정오를 뒤로한 채
겹 벚꽃나무 중심에서
살살이 퍼져오는 고운 살결
사심으로 얼룩지던
심신을 닦아내고
온통 평화로운 기운을 솟구치며
마시던 커피 잔의 향기를 삼킨다
겨우내 움츠렸던 노송의 표피만큼
보풀진 마음을 닦아주는 바람
개망초 위에 앉아 살포시 그네를 탄다

폭염과 소낙비

옥수수수염이 새벽마다 한 치씩
자라나는 7월
물 논에선 우렁이 사냥에 재두루미
목을 늘이고 서있다
한낮 사랑으로 피어나는
참깨 꽃들 이야기 깊어가고
한 세월 굽이지던 고구마
성근 심줄 돋우는데
별안간 푸른빛 구름 몰려와
비릿한 충동으로 하늘 길을 열었다
뇌성벽력이 춤추는 동안
재 넘는 얼룩소 눈만큼 동공이 열리고
파편처럼 부서지는 가슴
코끝으로 한 아픔이 넘실거린다

상처

입추를 파랗게 지내고 말복을 떠나보내니
지나간 여름이 벌써 그립다
111년 만에 찾아온 폭염이라며
입 있는 이들은 모두 함께 아우성 쳤던
지난 계절은 혼미한 절기였다
가슴에 묻힌 어미의 상처만큼 시리고
불거진 애비의 심장고동만큼
고단한 하루하루를 물들였지만
귀하디귀한 보석으로 입혀진
또 한 해의 여름이었거늘
누가 그 지난함을 소홀히 할 수 있을까
앞을 못 보는 장님과 같이
눈 뜨고도 어리석어 생채기를 낸 순간들
구슬픈 풀벌레 소리에 낯이 붉다

죽노지실 竹爐之室*

구절초의 꽃잎이 짙어지는 가을날
죽녹원에서 차를 마시다
향기에 취한 얼굴이 푸르게 물들고
가슴에선 금방 기둥을 세워
또 한 채 죽노지실竹爐之室을 짓는다

풀꽃들이 받아들인 세월이라면
마주앉은 우리도 흠씬 젖을 수 있어
사노라면 잊혀 지기도 하는 금실 은실
어제의 기억들을 엮으며
향수에 취한 오늘을 기억하리

---

* 죽노지실 (竹爐之室) : 죽노지실은 추사(秋史) 김정희(金正喜)선생의 글이다.
  차를 끓일 때 뜨겁지 않게 대나무로 감싸 만든 화로(火爐)가 있는 방이라는
  뜻이며, 추사선생이 친구인 황상(黃裳)에게 써준 다실(茶室)이름이다.

귀향

천지가 숨을 죽이며 걸어가는 것은
땅속 깊숙이 뿌리를 뻗어
혼신을 다하여 물을 긷고
입김 같은 봄바람을 맞이해
지독한 산고로 피어나는
생명을 돕는 일이다

한낮에 내려오는 햇빛의 힘과
깊은 밤 온 몸을 감싸고 내리는
별빛의 온기를 입어 피어나는 일이다

앙상한 가지 끝에 매달린
생명의 호수를 가볍게 흔드는 지구는
봄바람에 적셔 싹틔울 교감으로
중심의 언덕에 묻은 안식을
기루어 가두는 일이다

하늘빛 그리움

하늘빛 그리움으로
두 손 마주 잡고 걸어간 그 길을
흥건하게 적시었던 사랑의 순간
행복을 잊을 순 없잖아요
짙어가던 여름날의
푸성귀 같은 우리들의 추억은
어느덧 노을 진 석양으로 물들고
고즈넉한 양지 곱게 익어가는 단풍이
가슴으로 젖고 있습니다
헤진 옷깃을 스쳐간 어제의 소중했던
기억에 궁색한 변명도 함께 물들어
또 다른 내일의 희망을 위해
억새꽃 출렁이는 이 길을 걸어갑니다

천년의 빛

가을비 내리는 빗소리를 밟으며
오솔길 접어들다 보니
태고의 숨결이 걸음을 적신다

사계를 온 몸으로 받으며
기울여 온 국정의 수호신을 뵈러
걷는 길이 사뭇 설렘으로 찬다

천년을 기리며 나라를 걱정하고
천년 고찰 영국사의 경내를 지켜온
은행나무와의 해후를 서두르는
숨소리도 단풍들어 붉게 물드는 저녁

어둠이 내리는 그 저녁
천년을 살아오신 관세음보살님과
은행나무는 마다 않으시고 그윽한
웃음으로 환하게 우리를 품어주셨다

동양의 나포리 통영

대자연이 숨 쉬는 통영의 아침
흐르는 세월처럼 유유한 바람이
잔잔한 소매물도에 앉았다
분교에서 자라나던 어린이
전 세계에 뿌리를 내리고
그 자리를 지나던 철새들은
노선으로 자리 잡은 지 오래
예나 다름없이 동백은 피어나고
봄이 오면 기슭에 뻐꾸기 둥지를 트는 곳
일본을 거치고 대마도를 지나오던
밀수품세관의 집무실 그대로인데
해풍에 잦아들어 힘겨운 아낙들
하나 둘 해 해년 육지로 떠나고
빈집마다 드리운 가냘픈 그리움
해 설핏 긴 그림자 홀로 섰어라
연락선에 의지하던 나그네의 설움
새 봄에 돋아난 동백의 미소처럼
고이고이 향기 돋아 청운을 품는다

도라지 위스키

겨울날의 온화한 사랑이 내리는 저녁
보쌈정식으로 얼큰해진 시간
더 깊어진 것은 알싸하게 취하는
추억의 뒤안길이 맞춤이었다

우리에게 마라톤이 만들어 준 역사와
명산을 오르내리며 다져온 애틋함
해외를 넘나들던 기상으로
반세기 넘게 접어든 호젓함은
어미 애비 다른 형제의 끈이 되었다

진솔하게 60년대를 함께 살아온
옛 추억의 그림자를 밟으며
고즈넉한 옛날식 다방에서
찐하게 부딪치는 도라지 위스키

더딘 역사 속에 복 돋아진 부유함으로
세속에 물든 현실 앞에서
빠른 세월의 정점을 찍으며

가슴으로 스미는 쌍화차 한 잔 속에
기우어 저무는 겨울밤의 방점을 찍는다

선물

새해 새날을 노래하며 지낸 3주의 시간
열린 하루하루가 날숨이었고
그 영역 모두는 들숨이었다

특별한 시간은 아니지만
틈새마다 스미는 현실은 먼 훗날의
살이 되고 뼈가 되리라

밝아오는 아침 생각은
오늘도 내일도 내게 늘 선물이거니
희망찬 찬가로 기루어 한다

허용된 하루 속에 거두는 산실
걸음마다 꿈꾸는 자국
참된 마음의 의지로 부처가 된다

02

사랑의 온도 | 새벽비 내리는 날 | 오늘 하루도 너의 것이야 | 언제쯤 세상을 다 아는 날이 올까요 | 둘레길 | 울산바위 | 죽마고우 | 예당호 출렁다리 | 지상의 별 밭 | 다 괜찮다 | 낙산사의 봄 | 참회록 | 정점 | 힘내라 우리 가족 | 날아다니는 생각 | 보라보라 섬 | 배롱나무 꽃불 | 추억의 앨범 | 가을비 | 난달 국밥집 | 너를 보내며 | 어디쯤 왔을까 | 일상의 그리움 | 길 | 돌아가는 길 | 휴머니즘의 싱그러운 추억, 정열로 바친 위대한 숨결 | 풍차가 도는 풍경

사랑의 온도

어미 황조롱이 꼼짝 않고
둥지에 앉아 있다
가끔씩 털 복숭이 새끼
어미 날개 죽지 밖으로
목을 내민다
그럴 때마다 날개를 퍼덕이며
새끼를 다시 품어 안는다
누구는 그것을 동물적 습관이라 하고
또 누구는 종족 번식 본능이라 하지만
나는 그것을 사랑의 온도라 부른다
온도 밖의 세상은
더 덥고 위험하리라
어미는 지칠 대로 지쳐있지만
아비가 물고 올 먹잇감을 기다리며
저리 큰 날개로 품어
새끼들에게 사랑을 가르치는 것이다
머지않아 사랑의 온도는
가족이라는 이름으로
푸른 들판을 향하여 비상하리라

새벽비 내리는 날

동부꽃이 곱기만 한 가을 초입에 덩달아
여치가 동공을 키우며 집안으로 들고
벼 숲에 이는 바람이 한시 다르게 서걱인다

밝아오는 아침마다 교감이 익어가는 시절
대추알 붉는 절기에
세월을 부추기며 새벽비가 내린다

코로나 바이러스의 침입으로 세상은
날마다 어수선한데 마음 또한 절기 앞에서
한층 더 스산해진다

뵈올 적마다 아스라이 기억의 끝을
흐리시는 어머니 앞에서
수그러진 가을처럼 엄숙해지는 마음

초승달이 지고 칠흑 같은 어둠속으로
일어서는 새벽은 고요함이 깊은 바다와 같고
조근 조근 내리는 새벽비에 낙숫물 소리 짙다

오늘 하루도 너의 것이야

바람이 분다
푸른 하늘 가운데로 나는 둥지 떠난 새처럼
두둥실 떠오르는 흰 구름처럼
오곡이 익어가는 가을날의 풍경처럼
견고한 결실을 맺지 않아도
오늘 하루도 너를 위해 익어가는 것이야
대서양을 건너 먼 길 떠나는 철새의 귀향처럼
춘하추동 돌고 도는 사계의 음계처럼
중추가절의 여백을 걷는 행자의 기쁨으로
초록물결 남실이던 5월을 그리워하며
앞서 가신 아버님의 꽃자리를 배우며
중천의 해가 나 있음을 헤아리는 오후
9월의 휘장 앞에 서서
회자정리 거자필반 세월의 강을 걷는다

언제쯤 세상을 다 아는 날이 올까요

하루하루 서산으로 해가 저물고
눈부신 햇살만큼 화사한 시절
그 지난날이 그리워져서
산그늘 따라 노을진 강가를 걷다가 보면
어느새 구절초 꽃 하얗게 따라 나선다

구절초 꽃 지면은 가을이 떠나가는데
단내 나는 대추 검붉어지면
나락으로 퍼지던 참새 떼 조용해지고
하루가 다르게 푸른 배추밭
검은 산 넘어 차가운 저녁달 오른다

붉은 노을 질 때마다 성기는 어머님 생각
녹두꼬치 따시는 구부러진 허리
솔길따라 스며든 저녁연기에
매캐하게 와락 안긴 아버님 품속
얼마나 살다보면 세상을 다 아는 날이 올까요

둘레길

천지로 숨을 통하는 새들의 합창과
땅속 깊은 곳에 뿌리를 내린 정원
혼신을 다하여 물을 먹음은 오늘
가을날의 희망으로 피어난 생명들이다

한낮에 내려오는 햇빛의 양분과
깊은 밤 온 몸을 감싸고 먹음은 이슬
별빛의 희망으로 적시는 기쁨은
세상의 온기를 모두가 쓰다듬는 일이다

앙상한 가지 끝에 매달린 홍시의 내력은
생명의 온수를 품고 흐르는 지구를 얻어
여유롭고 향기로운 통 큰 가을을 위하여
봄바람타고 싹틔울 교감을 가두는 일이다

울산바위

금강산을 가다가 주저앉은 이 자리
천혜의 바위성처럼 꿋꿋이 살아온 그대
산다는 것은 누군가를 만나고
헤어지는 과정을 인정하게 되는 것
낯선 바윗길을 누비듯 열정으로 걸어온
그대의 발자국
때로는 세상살이 고달플 땐
바람처럼 살다가 가라는데
그렇게 사랑하고 그렇게 살아가라는데
우뚝 서는 그날까지
오솔길을 거닐며 주고받던 그 사람
어스름 저녁처럼 보이지 않던
인생이라는 여행길에서
영원히 사랑하자 죽어도 변치말자
그렇게 사랑하고 그렇게 살아가라는데
구름처럼 살다가라는데

죽마고우

며칠 동안 여름을 재촉하는 비가 내렸다
송화 가루도 덩달아 비를 맞으며 따라 나섰다
비가 추적추적 내리는 동안
그녀는 알몸으로 수술실에서 응급실로
외로운 여행을 다녀왔다
같은 해에 태어나서 비가 오나 눈이 오나
5km의 등하교 길을 하루같이 9년 동안
함께 걸었던 그녀가 아프다
항상 맑은 미소를 드러내며 올곧게 살아온
친구의 건강에 빨간불이 켜졌다
어느 곳에서나 아랑곳 하지 않고
'시인이야~ 시인' 하며 날 소개했던 죽마고우
사포닌 성분이 많아 항암에 특효라는
머위를 한나절 동안 찾아서 베어왔다
잎과 대궁을 가지런히 손질하여
뜨거운 가슴으로 데쳐 널며 되뇌인다
한 모금 한 모금이 친구에게 아침 이슬 같은
생명수가 되어 인생을 송두리째 나누며 살자

예당호 출렁다리

신선이 놀다간 자리 그 위에
예산의 기상을 호기롭게 세워준 위상
예산지명 1100년을 담은 보배로다

온 국민이 찾아오고 지상의 모든 새들
날아들어 우짖는 명소의 보금자리
어머니의 모태만큼 경이로워라

예로부터 선인들의 지혜와 덕망이
살아 숨 쉬는 고장 예산
평화로운 성좌로 거듭 창대하리라

백두대간의 중심 충청의 얼이 출렁이는
예항의 도시 예당호에서
길이길이 조선의 충절 지켜가리라

지상의 별 밭

산수유 벙그는 4월 언덕에
훈풍으로 내려앉은 지상의 별 밭
여미오미 유기방 가옥에선
선비의 곳간에 넘치던 풍요가
담장 안으로 빼곡히 채워지고
넓은 대청마루엔 회한이 가득하다
수런거리는 별들의 대화에
봄볕이 여울지고
오고가는 발걸음마다 희망이 열린다
웅덩이로 파고드는 청둥오리 서넛
도란도란 익어가는 수다가 깊고
담장 넘어 돌아서는 까치집으로
해 설핏 기우는 나그네 설움
나비춤 나부끼는 봄날의 서녘
고와라 그리움 지는 별 밭에 서다

다 괜찮다

처음 국가 지정일(1956) 되어
제정일(1973)이 되기까지의 어버이날을
17년이란 세월이 흐르도록
제대로 소견 없이 세월을 삼키며 살았다

어느덧 세월은 흘러 당신의 어린것이
어리석은 성인이 되었고
아이의 부모가 된지 어언 38년

다 괜찮다
아무 일도 없고 아무 감정도 없이
막무가내 퍼주신 당신의 살뜰함으로
어느새 머리엔 눈꽃이 내리고

험난했던 세월마저 한길 속에
묻혀버린 당신의 청춘
고적했던 순간들을 어루만지며

서녘에 기우는 해넘이를 헤이 시는
당신의 눈자위에 어리는 고독
가슴 저민 현실 앞에 철없는 이 몸
다 괜찮다 가슴 여미시는 당신의 적선

낙산사의 봄

만삭으로 부푼 달빛을 스치며
새벽안개 머금고 이른 봄
나들이를 간다
전 세계가 운집했던 평창을 넘어
옥빛바다 출렁이는 해안선을 끼고
경칩을 넘어온 햇살을 품는다
새소리에 깨어난 도량의 고요를
삼키는 매화꽃 빛이 새색시만큼 곱다
2005년도에 스러졌던 화마의
흔적을 삭혀낸 곳곳엔 32동의 도량이
재건되었고 왕성한 불사를 실천하신
정념주지스님의 베 품으로 100년 묵은
차상에 둘러 앉아 호사도 누려본다
유구한 세월과 함께한 풍경을 읽으며
해수관음보살상에 합장을 하는 동안
쇠북종의 울림은 추임새 되어
물살을 가르고 깊어가는 홍련암 불심이여

참회록

가뭄 속 보슬비 옷 적시는 5월 스무날
바쁘다는 핑계로
목젖 뜨거운 울음 삼키며
아버지 산소에 1년이 지나서야 걸음을 재촉했다
한해를 남짓 넘기고 간 세월 앞에
무성해진 울안 대숲이 산소 코앞까지
들이밀고 있었다
아버지께서 그 얼마나 답답하셨을까
오금이 절이도록 송구한 마음이 가슴을 친다
봉긋하게 드높았던 봉분은 어느새
30년 세월 동안 스르르 내려앉고
겨우내 소란스레 날리던 가랑잎들
아직도 골골에 쌓여 있다
촘촘했던 잡초를 뽑고 묵은 낙엽을 긁어내니
어느덧 함초롬한 아버지의 얼굴
지저귀는 새소리 청량하여 곱기만 한데
참새의 둥지에서 만난 부화의 알을
앗, 하는 순간 그 한 알이 산산이 부서졌다

정점

신록이 어우러진 도심의 숲속
양재천변을 따라 걷노라면
삶이 보인다
수로에 기생하는 수많은 생명들
숲속에 살고 있는 숱한 삶의 조화
경계를 넘나드는 인류의 발자국만큼
각양각색의 사람들이 오고 간다
대서양을 넘어와 태평양으로 스미는
물의 발자국처럼
잉태와 과녁을 이루고 산다
태어남이 다르고 이념이 다른
모든 삶들이 걸어 나와 녹색으로 물들면
가슴마다 평화의 씨앗
한강으로 흐르고
짙푸른 신념 정점으로 오른다

힘내라 우리가족
- 덕산 세계인형박물관에서

어깨를 나란히 기대고 일어서는 신록의 오월
태고의 문화와 민족의 품격으로
세계의 이상을 걸머지고 미래로 간다
인류의 평화를 위하여
거국적으로 몸을 일으킨 윤봉길과
인디안의 부족은 그 혈통의 긍지를 품고
백악관에 칩거한 여인의 사랑이
스모그로 피어오르는 이상과
프랑스의 문화에 고품격 옷을 입은 신화
담대한 민족의 정서와 우리가족이 뭉친
세계 속의 궁전 덕산 인형박물관 그 곳에 산다

날아다니는 생각

칠월 장마라 했던 옛말이
차츰 밀려나고
한창 가뭄에 시달리던 곡식이 춤을 춘다

들판으로 검은 구름이 기둥을 다지고
시커먼 덕숭산이 하늘에 묻혀
고즈넉한 마을엔 근심이 깊다

여수만 미역공장을 통째로 사들여
화실을 만든 역사를 빛나게 써낸 김정운의
'바닷가 작업실에서는 전혀 다른 시간이 흐른다.'
책을 보다가 친구들 덕담에 그만 길을 잃었다

간간 날아드는 천둥소리를 타고
내를 건너 주시던 선생님의 얼굴과
참외 서리로 밤새우던 친구들의 발자국 소리
나뭇잎만큼 푸르던 추억을 짚으며
전국에 숨어 있는 웃음소리가 들린다

절기마다 빼곡하게 묻혀 살던
가난과 그리움을 찾아나서는 대낮
잃어버린 시간을 꺼내며
옛 생각에 잠긴다

보라보라 섬

6월의 끝자락
추적추적 비가 내리는 아침
남태평양의 흑진주 보배로운
보라보라를 만났다
1891년, 고갱은 일찍이 프랑스를 떠나
열대 지방에 똬리를 틀었고
창작 생활의 본거지로 삼았다
반 고흐가 이미 섭렵했던
미래의 작품 소재지로 꼽았을 만한
꿈의 궁전이 된 타히티를 품고 싶다
세계 최고의 여행지로 꼽는
파페에테를 벗어나 종려나무로 만든
전통가옥에 누워 밀려드는 에메랄드 빛
바닷물에 마음을 적시고 싶다
'요라나' 하고 구릿빛 얼굴과 마주하며
유목민과 인생의 맛있는 시간을 나누고 싶다

배롱나무 꽃불

가을 태풍 링링은 이제
우리의 곁을 떠나갔다
정신없이 흐트러진 자연의 순응 앞에
햇살은 금실처럼 흘러서 속속들이
상처를 보듬고 있다
구름은 구름대로 창문으로 들어와
산맥을 따라서 돌아 나가고
스산하게 바빠지는 풀벌레
밤낮을 모른 채 울어대며 서두르는 대낮
잎이 한창 푸름으로 내달릴 때에
부르르 일어나던 배롱나무의 꽃불
황홀한 순간의 갈채를 받으며
한 시절 꽃불보다 더 고왔던
어머니, 내 어머니의
꽃불을 기억한다

추억의 앨범

삶을 포개면서 가끔은 쓸쓸해지기도 하여
가을이 지나가는 한적한 아침에
기호에 맞지 않는 착상으로 우울해졌다

옛날처럼 덮고 자던 이불을 걷어내어
손빨래를 하는 시절도 아니고
옷장을 들추며 계절이 바뀌는 이 절기에
정리를 해볼 요량으로 묵은 추억을 꺼낸다

10년 전 집을 떠나간 딸애의 옷장서랍을 열어
버릴 것과 보관할 물품들을 가려내려니
하나하나마다 그 소중함의 손길이 느껴져
단 한 개의 물품도 정리하지 못하고
모두 제자리에 놓아둔 채
서랍을 닫고 옷깃을 다독이며
있던 그대로 추억만 한 움큼 들고 나왔다

가족이 함께 떠났던 제주 여행에서
딸애와 단 둘이 나누었던 행복의 순간들

고스란히 담겨진 사진 속에서
말갛게 빛나는 찬란한 웃음을 만지며
그렇게 해맑았던
청춘의 그리움을 오늘의 창문에 걸어 놓았다

가을비

여수 밤바다에서 파도소리를 함께 듣자던
친구도 잠이 들어버린 시간
새벽녘부터 소리 없이 내리던 밤비가
어둠을 몰아내고 아침이 밝아오자
더욱 거세게 창문을 두드린다
어디로 갔을까?
그리움의 장벽은
골마다 안개가 엄습하고
기억은 오롯하게 되살아나와
앞서거니 뒤서거니 길을 나서는데
기루어하던 동무들 다 어디가고
울밑에 기대 울던 귀뚜리의 모험으로
가을 깊이는 쌓여만 간다

난달 국밥집

새벽부터 장작불이 붉게 타오르던 곳
언제나 왁자지껄 사람 냄새로 번득이던
그 자리 나무토막 의자엔
아버지의 쪼글쪼글한 얼굴이 앉아있다
어린 아들의 검정고무신을 바라보며
찌그러진 양푼의 막걸리 한 사발에
허기를 달래시던 이른 아침
어둠속에서 젖은 손을 비비며 배웅하던
지어미의 얼룩진 앞치마를 기억하며
한숨짓던 아버지의 어깨엔 회한이 가득하고
무녀리 송아지를 잡았던 손이 떨리고 있었다
세상살이를 쓰다듬으며 자식의 허기를
채워 주셨던 난달 국밥집 플라스틱 의자엔
아버지 닮은 그의 아들이 멀거니 앉아있다

너를 보내며

자정에도 일어나
전깃불처럼 뜨거워지는 가슴에
지내온 날들은 회한으로 물들고
기해년의 마지막
섣달 그믐날
신기루처럼 살다가
바다를 건너는 너에게
수없이 공유하고 나눠보는 작별

추워서 낯설어서 타국이어서
어쩌지를 생각하다
하지만, 젊어서 튼튼해서 괜찮다고
배웅을 위하여 공항으로 떠나는
출타를 백번 더 되뇌이다가
바다 건너 발 딛을
그 곳의 날씨를 검색한다
디트로이트로 너를 보내며

어디쯤 왔을까

가던 길 잠시 멈추고 뒤돌아보니
걸어온 길이 보이지 않는다

어느 자리 어느 모임에서도
내세울 번듯한 명함하나 없는데
붙잡고 싶었던 순간들
매달리고 싶었던 욕망도 떠나보내고
이제는 어디로 흘러갈 것인가를
고민하지 않는다

초저녁별이 유난히 성근 봄밤도
한여름을 위해 잠들어 기우는 세월
김칫국 묻은 소매 술기를 멀거니
바라보면서 웃는 중년을 즐긴다
비 오는 날 함께 걸어도 좋을 그 사람을
만나려 한걸음씩 내딛는 마음이라면 알까

마음껏 내보일 수 있는 속내 편안히
건넬 수 있는 그런 친구를 만나러가자

일상의 그리움

날마다 부대끼는 바람처럼
그냥 그렇게 살아온 지난날들
한 순간의 나들이가 행복이었고
시간의 촉박함 속에서도
친구들과 나누던 차 한 잔이
지극한 축복이었음을 이제 안다
오후로 기우는 짧은 햇살 받으며
잠시 나누었던 산책길이 행복인 줄을
답답했던 미세 먼지와
스멀거리던 아침 안개도
모두가 일상의 조건이란 것을 안다
맛집에 앉아 점심 한 그릇 함께 나누며
마주보고 웃을 수 있음이
그윽한 축복이고 행복이었음을
까맣게 잊고 살았다
인간의 오만함을 꾸짖으며
재앙으로 들어선 코로나19
모두가 보고 싶고 그립습니다
햇살 드리우는 창가에 앉아

봄이 오는 소리를 마음껏 탐내고픈
평화로운 일상이 우리 곁에
빨리 돌아오기만을 간절히 소망합니다

길

언제 어디에서나 한결같은
어머니 마음만큼
홀대 받지 않을
길이 있다
당신을 위하여
세속에 묻힌 역사가 있듯이

내 안의 불기둥 되어
숙련으로 만나는 광대함
때로는 위안이 되고
마침내 곳곳마다
나침판이 되어 주는 길
한결같은 너와 나의 이정표

돌아가는 길

궁핍한 생각과 서러운 생각이 들 때가 있다
사랑에 눈이 멀고
희망에 이끼가 끼는 날에도
어김없이 돌아가는 숲속의 자유로운 영혼
층층의 먹이 사슬과
인고의 세월 속에 깃든 생명의 질주
아름드리 고목이 품어내는
그 숨소리를 듣노라면
생의 고요에 깃든 평정을 본다

어머니의 숨소리를 듣는 것처럼
아그배나무에 깃든 붉은 노을 같은
그리움의 조각들
생의 언저리에 피워 올린 언약으로
달처럼 둥근 마음 밭에
힘차게 솟는 신뢰를 담고 돌아오는 날
봉긋하게 담겨진 뫼산을 그리며
단풍진 숲속 그늘 아래서
신비의 촛불 하나 풍경으로 달고 길을 나선다

휴머니즘의 싱그러운 추억,
정열로 바친 위대한 숨결
- 문화인(文畵人)의 역사 이순을 꽃피운 송숙영 선생님께

가야산 자락을 품은 양지를 찾아 신성한 예술의 산실을 품어 오신 오늘까지 유일하고도 완전한 본질을 쓰시고 또 화폭에 담으셨습니다

한 사람의 인생이나 한 국민을 모방하지 않고 끊임없는 창조와 예술의 본토를 찾아 뿌리내리신 그 혼을 우리는 예술의 힘이라 노래합니다

오직 자신의 자신을 통해서만 경지에 도달할 수 있는 명성

현재에도 미래에도 그 근본은 작품에 재현되는 구성의 원천이며 천부적 소양과 개성을 지켜나가는 원동력입니다

병상에서마저 열악한 문우와 동인을 돕고자 뜬눈으로 지새우신 나날을 우리는 결코 잊을 수 없어 그 의지를 흠모합니다

선생님의 자태에서 우러나오는 향기와 문화인文畵人으로 준수하신 품격을 바라만 봐도 금방 물들 수 있을 것만 같은 그 섬광을 저희는 존경합니다

헤일 수 없는 장편소설의 거작과 시나리오 극작의 명품 속에 깃든 위대한 창작을 잊지 못하며 김동리 선생의 추천과 같이 익히 대한민국의 거장 문인으로서 여성문인협회의 수장으로서 등단 60년사에 『원근법』 『야성의 숲』 『줄광대』 『꽃 속의 꽃 꽃 꽃』 등 찬란한 기록으로 새겨 오신 문신입니다

미국 LA로 건너가 전문적인 유화공부에 심취 또 다른 창작에 몰두하신 집념은 세계의 주목을 이끌어 내셨고 순수 정통의 색채는 관객의 심금을 사로잡았으며 거장의 꿈을 완성도 있게 성취하셨습니다

제3의 인생을 꽃피우신 모몽미술관장님의 덕목을 저희는 익혀 갈 것이며 문학적 테크닉과 회화의 상상력을 펼쳐주신 꿈의 궁전에서 무궁한 축복과 행복이 선생님께 영원히 함께 하시길 빕니다

2020.11.30. 송숙영 선생님의 등단 60년사에 축시를 올리다

풍차가 도는 풍경

아스라이 기도문이 열리는 가을 저녁
가장 아름다운 순간을 위하여
비옥한 이 가슴을
스폰지에 물이 스미듯 촉촉하게 하소서

빛나는 여름날 핏빛 꽃들의 아우성치던
성긴 여름은 잠들고
내 마음 정수리에 고즈넉한 가을이 앉아
차가운 담벼락에 물드는
담쟁이 넝쿨을 바라보는 순간

구절초 한 송이로 적어내린 연서가
네 가슴에 전해지고
들녘을 나부끼던 갈대 서넛이 그대로
속울음을 울고 있었다

그 누구에게도 산다는 것은
가슴으로 이렇게 조용히 나부낀다는 것을
그는 아직 모르는 것이다
덩치 큰 풍차가 도는 풍경을 모르는 것처럼

03

옥쇄를 그리다 간 청춘 | 평화의 불꽃 겨레의 혼불 | 독립의 울림 | 자연의 신비 그 찬란한 빛과 꿈꾸는 비상 | 오늘도 살아 숨 쉬는 역사 가득 채우소서 | 오소서, 목바리 야학 그 고향 가득히 채우소서 | 문화의 전당 그 빛 찬란한 비상 | 저한당의 가을 | 반드시 조선을 위해 용감한 투사가 되어라 | 삶의 귀로 | 제23회 동계올림픽 평창에 서다 | 청년이여, 영원한 불꽃으로 피우리라 | 내가 죽어 조국이 독립한다면 | 새 희망 새해아침 | 역사의 꿈 | 한여름 밤의 축제 | 늑약에 대하여 | 임시정부수립 100주년 기념 | 조선의 마지막 그 꽃 | 독립 아리랑 | 저 높은 문화예술의 산맥을 우러르며 | 부디 축복하소서!! | 역사를 쓰다

옥쇄를 그리다 간 청춘
– 신동엽 시인을 기리며

부여읍 동남리 294번지
해지면 등잔불 유연하게 피는 곳
한국의 전쟁 좌우를 넘어
숨 고르던 고향
동화처럼 꽃망울 피우며
평생을 그리다 간
금강의 주인
곤궁한 삶을 디디고 앉아
산에 언덕에 피어날지니
왕의 정토를 빚어낸 이 땅에
고운 빛으로 영원히 영원히

평화의 불꽃 겨레의 혼불
- 매헌 윤봉길의사 상해 의거 88주년에 부쳐

사시사철 둥근 해와 달이 뜨던 고향을 떠나
산을 깨우고 물을 흔들던 기개 하나로
상해 홍구공원에서 천지를 출렁였던
님이 터뜨린 천둥소리는
역사의 지표 위에 결코 잊을 수 없는
겨레의 길을 밝혀 오신 혼불입니다

매해마다 매화가 피고지면
중국 상해와 일본 가나자와에서
파평 윤씨댁 안채인 예산군 덕산면 시량리
아버지의 땅 어머니의 품속에서
함께 피워 올리는 동북아 평화의 종소리를
그지없이 들으십니까?

대한제국의 독립을 갈망했고
이상의 꽃을 피워 세계의 평화와
겨레의 꿈으로 간직한 당당했던 님의 발걸음
1908년 태어나던 줄기찬 울음소리의 옥동자가
25세에 조국 독립의 희망에 금자탑을 세우셨습니다

자라나는 현 세대들에게 꿈과 용기를 심어주신
님의 기개와 의지를 세계는 지금 주목하고 있으며
우리는 겨레의 꽃을 피우고 열매를 맺기 위하여
오로지 강의한 사랑을 품고 떠나신
이 나라와 겨레에 바친 뜨거운 사랑을 배웁니다

독립의 울림

호수의 적막을 깨우고 날아오르는 봄
새들의 아우성으로 열리는 4월의 아침
충남도청 홍예공원 독립운동가의 거리에
조형물 제막을 울리는 축폭으로
그 고운 햇살이 멈추어 섰다
독립의 충정이 울림으로 퍼지고
대한민국 임시정부수립기념일을 맞는 오늘
충청의 하늘 길을 열었다
일제식민지를 벗어나기까지 만주에서
독립항쟁을 이끌어 오신 김좌진장군
상해 임시정부에서 이념을 전하신 이동녕선생
홍구공원의 국제적 의거를 성공하기 위해
삶을 바친 윤봉길의사
칼끝의 날카로운 애국으로 마침내
독립을 섬기신 한용운선사
아우내장터의 독립전사로 순국한 유관순열사
항일독립운동의 물결을 이루어 낸
충청의 울림을 받들어 이곳
용봉산 아래 우뚝 세운 태극의 거리

독립의 혼불을 제막하여 그 뜻을 기리노라

(2020.4.11. 임시정부수립 101주년)

자연의 신비 그 찬란한 빛과 꿈꾸는 비상
　- 축시『자연을 품다』내포문화 조각전에 부쳐

열매들 익어가는 만추의 고운 해를 품고
유서 깊은 충절의 땅 내포 한마당에서
우리는 하나가 되었습니다

매헌 의사의 숨결이 살아있는 소중한 자리를 빌려
아름다운 내일의 꿈을 위하여
지구촌 하늘 높이
세계로 나아갈 길을 찾고자
정성과 사랑을 깃들인 숨결을 모아
문화예술의 꽃을 길이 피울 것입니다

가슴 가득한 임들의 정신을 품고
정열 넘치는 기백을 나누고자
이곳 백제문화유산이 웅비하는 향토 뜰에서
자랑스럽게 펼쳐온 예향의 혼과
긍지로 품어온 선조의 얼에
기쁨과 보람으로 벅차오르는 오늘

삶을 그리며
예술 혼 뛰노는 작가님들의 아름다운 조형물 앞에
불굴의 의지를 읽고
뿌리 깊은 나무에 얽혀진 사연과
제각기 누워버린 탈춤의 노래는
화합의 손과 손을 잡은 무언의 문
어느 멋진 날에
바람같이 꿈을 쫓는 남자와
영원히 마르지 않을 무한의 뜰
『자연을 품다』 내포문화 조각전에서
내일의 희망을 걸머지고
역사를 빛낸 선인들의 꿈을 되살려
행복한 걸음 함께 걸어갈 것입니다

내포문화 중심축으로
백두대간의 젖줄 유구한 역사 앞에
문화인의 맑은 영혼 길이 보존 하시리

문화한국 높이 세우는 조각예술

그 홈에 들어
조형언어에 귀 기울여
행복 꿈꾸는 그 말씀 들어 보시리

세계로 가는 언어를 훔치며
그 속삭임
풍요로움에 물드는 이 가을 가득 품으소서

오늘도 살아 숨 쉬는 역사 가득 채우소서

- 이장원 중위 흉상 제막식에서

정유년 5월의 푸르른 날에 높은 하늘 우러러
한 점의 구름처럼 역사에 사무친
이장원 해병대 중위님을 예당조각공원에 모시어
이제 존상尊像으로 현신現身하시니
지난 61회 현충일 대통령 추념사에서 말씀하시듯
조국을 위한 님의 숭고한 희생과 헌신 앞에
우리는 오늘도 엎드려 무궁화를 바칩니다

6.25전쟁 영웅으로 모신 위대한 나라에는
반드시 위대한 국민이 있다는
역사의 진리로 거듭나는 곳, 증조부 수당 이남규 선생과
조부 이충구, 부친 이승복 4대가 함께 숨 쉬는
수당고택엔 성혈聖血의 기운이 살고
날아가는 새들도 한 때 쉬어가는
고택의 양지 그 뜰에서
학문이 위국충절하여 황토도의
혼연일체 바탕으로
명실상부한 애국 애족
세도世道의 길, 길이 보존하리라

오소서, 목바리 야학 그 고향 가득히 채우소서

- 윤봉길의사 탄생 109주년 기념 시

하늘 더 높고 푸른, 청청한 이 나라의 여름입니다
어느 날 문득 산 벚 피는 숲길따라
밤낮으로 울어대는 소쩍새 그렇게 깊이 사무치던 언덕에
올곧은 무궁화 당신이 그리워 하얗게 지새우는 밤

오늘은 조국의 광복을 위하여
불꽃 청년으로 고귀한 선혈의 업적을 기리신
매헌 윤봉길! 임이 이 땅에 오신 지
일백 아홉 해 맞는 이날을 기억합니다

향내 나는 저한당*의 뜰 길게 누운 산 그림자
쇠죽 끓던 고향을 뒤로 하신 채 나 홀로 고개 넘던 어머니의 백발과
애 마르던 종, 담**의 살 냄새를 두고 떠나시던 그 길에
태극기 높이 휘날리는 이 모습 보이시나요?

벗들이 모여들던 도중도 아득한 고향 부흥원***에

---
*   저한당 : 매헌 윤봉길의사가 4살 때 이사하여 성장한 곳
** 종, 담 : 윤봉길의 두 아들 이름 윤종, 윤담
*** 부흥원 : 윤봉길의사가 태어난 광현당이 있는 곳이며 도중도(島中島)는 한반도 가운데 섬이란 뜻으로 그가 농민계몽활동을 하던 곳

고기 잡던 시냇가엔 오늘도 맑은 물소리 내며 흐르고
조국을 가슴에 품고 포연 속을 굽이치던 당신의 뜨거운 피
청년의 불꽃되어 문신처럼 지나간 청춘을 부릅니다

백년을 살기보다 조국의 광명을 지키기 위해 바친
당신의 청춘은 홍커우 공원의 전설로 함께할
이 나라 이 영토를 위한 영원한 불꽃입니다
장부출가생불환丈夫出家生不還
'사내대장부는 집을 나서면 뜻을 이루기 전에는 살아 돌아오지 않는다'

백년이 흘러 이제 다시 새천년이 흐른다 해도
다짐과 고해를 읊어낸 당신의 심중은 우리들 삶속에 녹아든 이상과 실현의 뼈가 되었습니다.

자유와 평화를 실천하고자 용솟음 치는 월진회의 부흥 앞에

새로 쓰는 역사 그 찬란한 구름밭에
오소서, 목바리 야학 그 고향 가득히 채우소서

문화의 전당 그 빛 찬란한 비상
– 축시 『내포를 품다』 내포문화 조각전에 부쳐

차령산맥과 가야연봉으로 외곽을 이룬 절개의 땅
익어가는 만추의 길목에서 유서 깊은 충절의 고향
새로이 태어난 신비의 내포 한마당에
우리는 하나가 되었습니다

예로부터 선비들이 앞 다투어 찾아들던 곳
저절로 피어나는 예술의 혼 오늘도 울창하게
숭고한 선조의 주권으로 지켜온 가야의 지명
그 위에 다시 쓰는 내포신도시

아름다운 내일의 꿈을 위하여
지구촌 하늘 높이 세계로 나아갈 길을 찾고자
오묘한 정성과 사랑을 깃들인 숨결을 모아
예술의 꽃 그 정성 길이 피워나갈 창대한 역사입니다

가슴 가득한 임들의 정성을 품고 정열 넘치는 기백을 담아
이곳 백제문화유산이 웅비하는 향토 뜰에서
자랑스럽게 펼쳐온 예향의 혼과 긍지로 선조의 얼에

기쁨과 보람으로 벅차오르는 오늘

황량한 겨울 속에서도 봄을 꿈꾸고 설레어 오듯
문화인의 맑은 혼 염원으로 피고
생성하는 마법은 임들의 아름다운 조형물 앞에
사랑으로 품어온 욕망의 바다입니다

영원히 마르지 않을 내포의 뜰은
예술의 샘물이 넘쳐흐르고 『내포를 품다』
내포문화 조각 작가전에서 역사를 빛낸
선인들의 꿈을 되살려
행복한 걸음 함께 걸어갈
내포문화 중심축으로 깃드소서

백두대간의 젖줄 유구한 역사 충남도청에
문화인의 맑은 영혼 길이길이 보존 하시어
문화한국 높이 세우는 조각예술 유구한 역사
한국의 정토 길이 보존하실 뿌리 내리소서

그 조형언어에 귀를 기울여 행복 꿈꾸는
그 말씀 들어보시라
세계로 가는 언어를 훔치며 그 속삭임
풍요로움에 물드는 이 가을 가득 품으소서

저한당*의 가을

꿋꿋하게 쌓여온 세월을 덮는다
바람 맑고 양지 바른 곳에서
튼튼하게 여문 짚을 골라 이엉을 엮어
창공을 나르던 슬픔과
이역만리 떠나온 고향의 부엌을
모순과 담에게 향했던 눈물
그리고 노모의 휘인 뒷등을
그렁그렁 맺혔던 눈물의 시공을 덮는 날
하염없이 눈이 내린다
가련한 아낙의 등줄기로
긴긴밤 새기던 언약을 덮고
차마 믿을 수 없어 고요히 밝혔던
새벽 등잔불 아래 잠들었던
어린 아들 모순의 등을 덮는다
영원히 잠들지 못할 매헌의 그리움을 덮는다

---

* 저한당 : 한국을 건져내는 집이라는 당호가 붙어 있는 집으로 윤봉길의사가
  4세부터 중국으로 건너가기 전 23세까지 살았던 집

반드시 조선을 위해 용감한 투사가 되어라*

– 매헌 윤봉길의사 순국 85주기 추모 헌시

붉게 물든 단풍의 노을이 임의 가슴처럼 짙은 밤
청춘으로 멈춰진 당신의 심장 앞에 오열하는 절규
그 끝으로 맺힌 한이 댓잎처럼 푸릅니다

뜨거운 걸음으로 수백 번 오르던 수암산은
오늘도 인적이 넘치지만 가고 못 오시는 당신의 발자국
우리들 가슴마다 새겨져 울분으로 스며들고
밤마다 울어대는 소쩍새 애처롭게 사무치던 언덕에
올곧은 무궁화 당신이 그리워 하얗게 지새우는 밤
고귀한 선혈 앞에 그토록 당당했던 임의 두 무릎을
우리는 영원히, 영원히 기억할 것입니다

암연의 세월 보내고 환한 불빛 밝히며 동방의 무지개로
소풍 오신 이 짧은 성하星河의 절기 하늘 높이 이르오니
나물뿌리 씹으며 신맛 짠맛 함께 했던 우정을 남겨둔 채
부엌에서 받아 들었던 물 사발 고이고이 내려놓고
기개氣槪만을 움켜쥔 채 비장한 가슴으로 모순을 떠나실 제

---

* 매헌 윤봉길의사께서 두 아들 모순과 담에게 남긴 유시 '강보에 싸인 두 아들에게'에서 인용

홀로 넘던 비탈진 길 무성해진 솔숲은 옛 모습 그대로인데
조국강산 품에 품고 굽이치던 당신의 뜨거운 피
칠석날 씻어내던 벼루의 묵향은 백년의 세월을 흘러내리고
장부출가생불환丈夫出家生不還 고해를 읊어낸 당신의 심중
은 이상과 실현의 뼈가 되어 강물로 넘쳐 흐릅니다

대대손손 그 얼을 이어받아
반드시 조선을 위해 용감한 투사가 되리니
저 구름 헤치고 우뚝 서 가득히 채우소서

삶의 귀로

3.1만세운동과 대한민국 임시정부수립
100주년을 맞아 3,200만 명이 운집한
최다의 인구 속에 묻힌 상해의 밤

생의 절정에 선 채
공중을 나는 한 마리의 새만큼
가벼운 깃털에 몸을 실은 세계의 청년들

날아오르는 문화의 거리
청춘을 태우는 천심은
상해의 밤을 부르며 삶의 귀로에 섰다

신천지를 누비고 품고 품었던
25세의 청년 윤봉길은 새벽 별빛을 차내며
조국의 국란을 위한 별이 되어 흐르고

담대하게 역사를 간직한 홍커우공원
천변엔 평화로운 성좌 백조의 춤과
우듬지를 삼키며 피워낸 홍매화만 붉다

제23회 동계올림픽 평창에 서다

30년 만에 다시 피워 올린 평창
빙상 경기의 대합창
백호의 포효로 열려진 환호의 함성
그것은 곧 세계의 평화 그 제막이었다
태극기와 88년 한국에서 만든 올림픽기
나란히 올린 그 앞에서
선수, 심판, 코치의 선서가 삼중으로
울려 퍼지고 대한민국의 기상이 세계로
평창에 참가한 92개국 2,925명의
선수 앞에 화합한 오만인의 함성
평창 스타디움에 세계의 평화가 밝혀졌다
빙상의 여 전사 김연아가 최종주자
천사의 손끝으로 평창에 불꽃을 밝혔다
17일간 펼쳐질 동계올림픽의 서막을 열어
소망의 불꽃 그 속으로 타오를
평화를 갈망하며 행동하는 평화
실천하는 평화를 열망하며

청년이여, 영원한 불꽃으로 피우리라
- 윤봉길의사 탄신 110주년을 기리며

광현당에 태어난 아침은 오늘도 밝고 밝아
힘찬 기상 섬광이 되어 천지를 가른다
어린 풀들 보기 좋게 자라나니
1908년 6월 21일 풀숲에 담긴 역사는
울울 창창 세기를 곧추세우고
온 우주의 뿌리들은 더 깊이 숨으며 울어
110년 전 청년이 지나간 자리에는
어느덧 푸른 잔디가 돋고 노송이 섰다
굽이치던 시냇물 사이로
세기로 투영된 역사가 하늘을 품고
바람이 고이는 발자국마다 귓불이 붉다
'반드시 조선을 위해 용감한 투사가 되라'
하신, 임의 말씀 세월의 기적은
오늘도 청년으로 살아
동방의 영원한 불꽃이 되었어라
세찬바람 이미 지나가고
여름장미 더욱 붉게 타오르니
대숲에 일렁이는 선비의 기개 맑고 맑아
그 기상 만고에 빛나리라

처마 밑으로 날아드는 제비를 바라보며
심정 화락하여 시를 짓고 노래하신
섬돌은 그대로인데 광현당, 저한당 주렴 너머
구절구절 새겨진 희망을 걸머지고
자유와 평화를 열어가는 이 조국의
청년이여, 영원한 불꽃으로 피우리라

내가 죽어 조국이 독립한다면
– 매헌 윤봉길의사 순국 86주기

이역만리異域萬里 머나먼 길
고귀한 희망으로 넘고 넘던 가시밭길
타국의 긴긴 밤을 숭고한 기상으로
거룩하게 쌓아 올린 당신의 대의 앞에
한결같은 다짐으로 승화하신 또 다른 이름 조국이여
인류 세계 최초의 기백 5대양 6대주를 넘나드는 이상의 실현
86년을 지내온 역사 위에 오늘도 우뚝 서신 힘찬 기상
우러러 가슴이 뜁니다

궁벽하고 한적한 산골마을에서 오로지 가난을 벗고
무능한 농촌을 계몽하시고자 청춘을 벗어놓고
천추에 빛나는 삼천리금수강산을 꿈꾸시던 길
내가 죽어 조국이 독립한다면
투혼의 열망 재울 수 없어
전 세계에 울려나간 대한국인의 위용
부모의 사랑보다 형제의 사랑보다 강의한 조국의 사랑입니다

풀은 꽃을 피우고 나무는 열매를 맺는다
백발 드리운 어머님 생각 간절하고
붉은 옷 입었던 어린 시절 그리운 지아비가 새겨놓은
유묵遺墨
'사나이 집을 떠나면 살아서 돌아오지 않으리'
이 나라의 높푸른 하늘을 우러르며 내리신 당신의 진리
입니다
방방곡곡 들풀처럼 일어나는 월진회의 약속입니다
조국의 역사 앞에 영원한 불꽃 당신입니다

새 희망 새해 아침

고려를 세운 태조 왕건(919년)이
오산현을 예산현으로 바꾼지 1100년
새해 아침 예산산성에 해가 떠오른다

무한천에 뿌리를 내린 역사 위에
찬란한 선홍빛 옷을 입혀
평화롭고 풍요한 예산을 일어서게 한다

새 시대와 새 나라를 염원으로
그리던 사람들
하나 둘 다시 돌아오는 예산 땅

대민교서를 전하던 소식만큼
포근하게 안기는 새해 아침
기해년의 희망으로 여울지는 예당호반

역사의 꿈

2018년 2월 25일 20시
17일 동안 함께한 평화의 열전
평창동계올림픽 대단원의 함성이 스러지는 순간
IOC위원장 토마스 바흐의 올림픽 깃발
인수인계로 그 중심이 바뀌어간다
명승부를 위하여 선전했던 92개국 2,925명의 참가자
장렬했던 선수들의 투지, 박수와 환호로 물결쳤던 평창
대장정의 역사를 새기고 명승부 명장면을 상기하며
145명의 선수를 출전했던 대한민국
불굴의 투지로 엮어낸 세계 7위의 승전
넘어지며 쓰러지며 남긴 신기록은
역사의 장엄한 유산이 되었고
67개국에서 모인 자원봉사자의 인내와 미소는
평창의 성공을 만들었으며
영웅과 영웅의 포옹을 기록했습니다
30년만의 기적으로 이뤄낸 평창에서 우리는
다시 써 나아갈 역사의 꿈을 심었습니다

한여름 밤의 축제
- 한국문학공연예술원시담 창단공연

빌딩 숲속 조선의 역사가 숨 쉬는 곳
선릉공원 선정릉 유서 깊은 삼성동에서
8월의 향기 그 뜨거운 태양을 품고
우리 시와 우리 춤의 향연으로
우리는 하나가 되었습니다
한국의 역사를 읊어낸 시와
전통을 지켜온 겨레의 혼이 어우러져
국가무형문화재전수교육관
민속극장 풍류를 열어
어라 덩 더 쿵 어깨를 얼싸안고
홍조 띤 얼굴을 붉히며 심금으로 짜내는
씨실과 날실을 엮어
아낌없는 환호와 갈채를 받아내며
한국의 얼을 노래했습니다
길이길이 후손에게 만 만대 펼쳐나갈
오늘을 수놓아 동서고금에
꽃피울 문화예술의 산실이 되어
한국문학공연예술원시담은 태어났습니다

늑약에 대하여

1905년 을사보호 조약은 일본이 내 건
선비의 옷이었어라
매천 황현 선생은 말씀하셨다

일본이 만들어 낸 을사보호 조약은
을사늑약 참상을 덮은 금빛 날개의
장신구였고 그 가려진 속설이 되었다

1910년 일제에 의해 국권을 잃게 되자
이 국치國恥를 통분하며
4편의 절명시絶命詩를 남긴다

'나라가 선비를 양성한 지 500년이나
되었지만 나라가 망하는 날 한명의 선비도
스스로 죽는 자가 없으니 슬프지 않겠는가'

라는 글을 새기고 1910년 9월 음독 자결한
매천 황현 선생께선 오늘도
청정한 하늘을 우러르고 계신 것이다

임시정부수립 100주년 기념

애국선열들의 뿌리로 건립된 대한민국
독립의 역사를 지키고 보존해야 할
민족적 기념일을 맞이한 오늘
더 좋은 조국을 만들기 위해 노력해야 할
우리는 민족의 아낌없는 희생을 잊을 수 없다

100년 전 상하이에 임시정부를 세웠던
선열들 앞에 우리 모두 맹세하리라
대한민국 임시정부 기념관을 세우고
우리는 그 거룩한 역사를 지켜 2021년
개관을 앞둔 미래를 위해 정진하리라

그 역사적 가치와 기틀을 굳건히 지켜 나갈
신명나는 국민의 토대를 위해 꽃보다 진한
향기를 키워 나갈 수 있도록 다짐하노라
매헌 윤봉길과 백범 김구선생이 지켜온
희망의 나라 그 이름 대한민국 영원하리라

조선의 마지막 그 꽃
- 덕혜옹주

사시사철 돌아와 머물고 싶었던 그 곳
당당하게 나서 자란 낙선재의 뜰
검푸른 현해탄을 건너던 그날부터
소리 내지 않고, 말하지 않고
침묵해야 할 억겁의 역사 속
엉킨 실타래모양 한 맺힌 세월 푸를 길 없어
정신을 놓고 잊어보려 해도
결코 잊을 수 없었던 내 나라 조선
꿈속의 창덕궁
조선의 바람과 산천초목 피어나는 꽃송이
오래오래 살고 싶었던 그리운 낙선재
봄날의 꿈처럼 간직한 열망
온순하고 공경하고 너그럽던
조선의 마지막 순결한 한 송이 그 꽃
100년이 지나고 또 다시 흐르는 역사 위에
오늘도 한 떨기 수줍은 낙선재 그 꽃
천만년 지울 수 없는 그 큰 그리움으로 핀다

독립 아리랑
– 매헌 윤봉길의사 순국 87주기에 부쳐

1932년 4월 29일,
일본군의 승전 기념식이 끝나갈 무렵
홍구공원에 피워낸 불꽃의 열기
농민들의 나라사랑을 깨우치기 위해
직접 편저했던 농민독본이 그러하듯
어머니께서 바친 정화수 앞에
손을 모으셨던 그 정성으로
충청남도 예산을 세계만방에 알리신
당신의 불꽃으로 오늘도 밝혀가는
월진회의 아침을 내려 보고 계신지요?

고향 산천을 짓밟고 간
외세의 무리들과 급변하는 세상 속에
우뚝 솟은 기상으로 넘나드는 임의 절개
항거하는 뿌리를 세계에 심어 주신 그 뜻
참 저항을 우리는 배웠습니다

유유히 흘러가는 강물과 같이
온 인류의 거국적인 심박이 되고

멈추지 않는 혈류가 되어
동북아를 밝혀가는 동방의 등불
평화의 산맥으로 산화하신 당신의 유업
길이길이 만 만대 이어나갈 독립 아리랑입니다

저 높은 문화예술의 산맥을 우러르며
- 고 윤규상 선생님 참배 길에서

하늘 높은 이 나라의 푸르른 봄날입니다
경자년 새해 사월 스무 아흐레
매화꽃 복사꽃 흐드러진 산과 물도 기억하는
상해 홍구공원 윤봉길의사 의거
88주년을 맞이하는 대낮입니다

국화 향기 더불어 새소리 구성진 충의사에서
봄내음 짙어 그리움 가득 넘치던 그 날
홀연히 떠나신 선생님을 뵙고 저
사랑하는 제자들 손에 손잡고
이 화창하고 좋은날 눈시울을 적십니다

평생토록 충의를 다지며 문화를 꽃피워
곳곳마다 심어두신 선생님의 소망
내포의 큰 뜰 푸르게, 푸르게 굽이치신 세월
저희들 가슴마다 뿌리 깊게 묻어두고
황량히 날개 접어 떠나신 그 길을 품어봅니다

찬연히 밝아 오른 햇살을 품으시듯
열정으로 보여주신 숭고한 그 뜻 새기며
숨결 따라 위상이 하늘 높이 솟아오르니
마음에 못다 한 사랑 꽃피고 열매 맺혀
별빛으로 비추시던 충청의 뜰 가꾸렵니다

저 넓은 인고의 강 건너 영면의 시각까지
몸 안에서 싹 틔우고 잎을 달아 주신
선생님의 은덕을 배우고 대망의 꿈 지키면서
사상이며 지성이며 그 투혼을 배우겠습니다
대치뜰 너른 창공의 풍요로운 바람같이
형체 없는 그곳에서 부디 부디 평안하소서!!

부디 축복하소서!!
- 송일호 아버님 백수연 축시

1921년 12월 17일 신유년 섣달 열이렛날
해방을 겨우 넘어선 흉년의 12월을 딛고
폭풍한설 세찬 바람 속에 금빛으로 탄생하신 아버님!
아버님의 몸을 빌려 이 세상에 내어주신
고귀함으로 행여나 다칠세라 행여나 그르칠세라
가슴으로 품고 오신 당신을 우러러
저희 8남매 감사의 큰 절을 올립니다
망망대해를 바라보시며 대망의 꿈으로
빚어 오신 양지의 혜택으로
저희들은 하나 같이 튼튼한 청년이
될 수 있었고 아버님 어머님의 은혜 속에
100년을 하루 같이 큰 기쁨 누비며
온 가족 화합하여 희망으로
오손도손 정답게 물들여 살아 왔습니다
당신께서 20대에 겪어 오신 팔일오광복의 격동과
30대 밤낮을 붉히셨던 육이오의 소용돌이에서
불혹으로 이어졌던 사일구혁명의 사투를 품고 보릿고개
누비며 스러져 오신 모진 세월을 눈물로 삼켜봅니다

오늘날까지 밟아 주신 당신의 자전거 페달 속에
태양처럼 환하게 빛내주신 활력은
원동력이 되어 저희 팔남매의 사랑으로 쌓이고
온정으로 흘러가는 역사 위에 유유한 백발이
오늘처럼 기쁨을 새기며 마주하게 되었습니다
영원한 사랑으로 흠모하며 당신의 그 큰 뜻 앞에
정다운 노래를 함께 부르렵니다
부디 부디 축복하소서!!

역사를 쓰다

2019.11.07일 하얀 백지 위에
날짜를 새긴다
점점이 박혀 있던 가슴 속 이야기를
동굴처럼 좁다랗게 외길에 새겨 놓았던
숨은 호흡을 들이마시며
삶의 향기에 정화의 여명으로 동이 튼다

절박했던 순간 그리하여 애석했던
사랑의 도화선에 새로운 희망이 열리어
환희에 찬가를 부를 수 있으리라
이역만리 머나먼 길 부디 몸성히 다녀오고
인생의 오로라가 되어 기쁨으로 채워진
마음으로 청춘의 찬가를 부르리라

사랑으로 맺어진 향기 가득 채우고
설렘으로 날마다 동틀 수 있는
이국의 약동하는 아침을 맞으리라
날마다 새로운 창문을 열어가리라
가슴 벅찬 감동과 새로운 역사에 씌어질
희망의 찬가로 기대의 아침을 맞는다

해설

■ 작품 해설

몽근 인생에 몽근 시
나태주(시인)

1.

임종본 시인은 오래전부터 안면이 있는 분이다. 피차 바쁜 일상 속에서 언뜻언뜻 보았지 싶다. 주로 문화 행사나 시낭송회 같은 데서였을 것이다. 첫인상이 좋았다. 사람에게 첫인상이란 매우 중요한 것. 그 이후의 만남까지 첫인상이 지배하기 때문이다. 나는 또 사람을 만나면 그 사람에게서 기운 같은 것을 느끼려고 노력하는 편이다. 그것은 일종의 탐색전 같은 것인데 처음 만나는 사람일 경우 더욱 강력하게 작용한다. 임종본 시인에게서는 왠지 모르게 따스한 것 같기도 하고 부드러운 것 같기도 하고 정갈한 기운이 느껴지곤 했다.

저만큼 서글서글한 여인네 한 사람이 서 있다. 한복 차림이다. 눈매가 곱다. 이윽히 바라볼 뿐 별로 말이 없다. 어쩌면 얼굴 가득 잔잔한 미소를 머금었을까. 이쪽에서 무슨 말을 하면 짧게 대답한다. 그것도 자분자분 나지막한 목소리다. 대충 이런 느낌이 내가 가진 임종본 시인에 대한 느낌이다. 오늘날같이 사람들이 나대는 걸 좋아하는 시대에 이만한 인품이 드물다. 내가 충청도 사람이라 그런가, 충청도 여인네의 오래된 모습을 다시금 대하는 듯하다. 이쪽의 마음까지도 고요해진다.

 이번에 시집 원고가 왔다. 원고를 살필 때 처음 시집 내는 분인 줄 알았는데 알고 보니 이미 여러 권 시집을 낸 이력이 있는 분이었다. 시집 원고가 정갈했다. 원고를 읽으면서 기억 속의 인물을 떠올려 보았다. 아, 그래서 그랬었구나, 고개가 저절로 주억거려졌다. 내가 즐겨 하는 말 가운데 '글이 곧 사람'이란 말이 있다. 그 연유야 서양 사람에게 있다 해도 내가 자주 사용하는 말이니 내 말이기도 하다. 바로 그 말이 또 머리에 떠올랐다. 글이 곧 사람이다. 임종본 시인의 글이 곧 임종본 시인이다. 이것은 매우 중요한 문제다. 더러 글과 사람이 서로 어긋나는 것을 보기도 하는 탓이다.

 2.
 글은 인간의 삶, 인생을 벗어나기 어렵고 인생은 자연이나 환경을 벗어나기 어렵다. 그래서 나는 또 자주 이런 말을 하기도 한다. 인간은 자연의 아들이요 글은 또 인간의 자식이

라고. 그건 정말로 그러하다. 글이 몽글다면 그 사람의 인생도 몽근 것이고 그를 받쳐주는 자연이나 환경도 몽근 것이다.

임종본 시인의 시를 처음 대하면 대번에 '몽글다'는 말이 떠오른다. 몽글다. '낟알이 까끄라기나 허섭스레기가 붙지 않아 깨끗하다'는 뜻으로 사용하는 형용사다. 요즘같이 거칠고 급한 세상에 인생이든 시든 몽근 것은 아주 좋은 일이다.

어쩌면 충청도 떡
수리취 그 풀빛 고운 떡,

한 소쿠리
덕숭산을 담아왔다
수리취떡

절구에 메로 치고 두 손으로 치댔다
누구는 떡에서
솔잎 냄새가 난다고 했다
베적삼 냄새가 난다고 했다

한입 베어 물면
산이 쩌렁쩌렁
우는 것 같다

따라온

계곡 물소리가

들릴 듯

떡 속에는

예산 사투리가

하얀 이빨처럼

숨어 있다

-「수리취떡」 전문

 참으로 곱지 않은가. 정겹지 않은가. 자연과 인간, 인간이 만든 인공물까지 서로 어울려 평화롭고도 향기로운 세상을 이루고 있음을 본다. 하나의 떡이다. 수리취떡. 수리취라는 산나물을 캐다가 넣어서 만든 떡. 그 떡 속에서 자연을 만나고 인간을 만난다.

 이렇게 자연과 인간이 하나가 되는 세상이야말로 구족具足의 세상이고 마침내 원융圓融의 세상이다. 보시라. 떡 속에서 '솔잎 냄새가 난다'고 하고 '베적삼 냄새가 난다고' 하지 않는가. 드디어 떡 속에서 '쩌렁쩌렁/ 우는' '산'의 울음을 듣고 '계곡 물소리'를 듣고 '하얀 이빨'로 '숨어 있'는 '예산 사투리'까지 듣는다고 한다. 혼연일체, 우아일체宇我一體를 본다. 그러기에 우리는 이런 시에서 희열까지를 맛보는 것이다.

하늘빛 그리움으로 물이 들던 날

두 손을 마주 잡고 걸어온 그 길

그것은 아무도 모를 사랑의 뒤란

여름날의 푸성귀처럼

우리들의 추억은 노을이 되어 돌아오고

가을의 안부처럼

익어가는 단풍잎, 창가에 기대어 앉네

─「가을 안부」 전문

  역시 정갈하다. 잊었던 옛 애인이 외국 여행길에 보내준 한 장의 그림엽서를 보는 듯한 감회. 인간이 느껴진다. 아니, 글 뒤에 인간의 모습이 어른거리고 자연까지도 보이는 듯하다.
  누구나의 인생이든 힘들지 않은 인생은 없다. 하루하루가 고생스럽고 참아내기 버겁다. 그런데도 그런 인생을 이렇게 고즈넉이 바라볼 수 있다는 것은 이 사람의 정신과 마음이 의도가 그만큼 깊고도 맑고도 곱다는 것을 말해준다. 인간과 자연, 인생과 현실, 그사이에 이런 시가 칸막이로 있어

준다는 건 매우 축복된 일이다.

구순을 넘은 엄니가
'널 낳은 산달이라 몸이 힘들다'
그 말씀이 생각난다

어느덧 나도 그 언덕에 올라섰다
40을 바라보는 아들의 생일에

온갖 시름에 드셨던 엄니를
느껴보는 이 저녁

마음 한쪽이 자꾸만
베인 듯 아프다
엄니, 울 엄니……!

- 「산달」 전문

 이번에는 육친에 대한 사랑이다. 인간의 사랑 가운데 가장 위대한 사랑은 모친의 사랑. 자식을 사랑하는 어머니의 사랑은 본능적이면서 힘이 세고 멀리까지 간다. 모친의 사랑이 자식에게로 흐르고 다시 또 그 자식에게로 흐른다. 그리하여 그 사랑은 끝이 없는 강물처럼 간다. 인류의 삶 끝까지 간다.

시인은 젊은 시절 어머니의 사랑의 깊이를 알지 못했다. 그러나 자신도 어머니의 나이 때를 지나가면서 어머니의 사랑을 새삼 깨닫고 배운다. 하나의 추체험이다. 이렇게라도 인간은 조금씩 현명해지고 철이 드는 것이다. 이 또한 고맙지 않은가. 거기에 무한한 감사와 찬양이 따른다. '마음 한쪽이 자꾸만/ 베인 듯 아프다/ 엄니, 울 엄니……!' 절창을 듣는다.

    진달래 곱게 핀
    고개 넘어

    제삿날 아버지랑
    큰댁으로 가던 길

    길마중 나오던
    가슴 털 노란 점박이 새는
    지금쯤 어디서 날고 있을까

    언덕 너머 초가집
    두런대던
    그리운 불빛

    먼 옛날

내 마음속 수암산
아직 거기 있습니다

– 「수암산에 올라」 전문

이번에는 유년의 추억이다. 거기에 아버지가 나온다. 집안에 제사가 있는 날 멀리 가까이 가족들이 모이던 풍경. 지금은 물론 찾아보기 어려운, 전설 같은 옛날식 삶의 모습이다. 시인도 어린 시절 아버지를 따라 제사를 보기 위해 수암산이란 산을 넘어 큰댁에 갔던가 보다. 그 기억이 어른이 되고 세월이 가도 잊혀 지지 않는다는 것이다.

의외로 인생은 기억으로 남는 것이다. 끝내는 기억만이 인생의 재산이 된다. 이상李箱과 같은 시인은 추억이 없는 사람은 가난한 사람이라고 말했다. 그런 뜻에서 임종본 시인은 마음이 부자인 사람이라고 할 것이다. 앞으로도 그 마음의 재산을 아끼며 사실 줄 믿는다.

먼 산
뻐꾸기 울자
감꽃 진다

허공은
작은 꽃잎

충청남도

예산군 덕산면

가루실길

낮달만한

적막이

지고 있다

―「감꽃」 전문

  깔끔하고 군더더기 없이 빼어난 작품이다. 한 권의 시집을 통으로 읽어도 이런 작품 한 편 만나기가 쉽지 않다. 동양의 좋은 시에는 천지인天地人 삼재三才가 들어 있기 마련인데 이 시가 바로 그렇다. 작지만 울림이 크다. 우리가 지향해야 할 시가 이런 시가 아닌가 그런 생각도 없지 않다.

  작품의 첫 문장부터가 다르다. 사람의 마음을 탁, 치고 들어온다. '먼 산/ 뻐꾸기 울자/ 감꽃 진다'. 시의 도입을 이렇게 뽑는 것은 보통의 솜씨가 아니다. 어쩌면 뻐꾸기 울음소리가 감꽃을 떨어지게 만드는가! 청각 이미지를 시각 이미지로 바꾼 솜씨는 보통이 아니다.

  그다음도 그렇다. '허공은/ 작은 꽃잎'. 어떻게 이런 구절이 있을 수 있나. '허공'을 '작은 꽃잎'으로 본 것이 짐짓 놀랍다. 이런 시선은 매우 날카롭고 깊은 시선으로 흔한 일이 아니다.

그리고는 인간에 관한 것이다. '충청남도/ 예산군 덕산면/ 가루실길'. 하나의 고유명사, 주소다. 그렇지만 이 특수성은 곧바로 일반성으로 바뀐다. 마음이 있는 독자들은 그 주소를 자기의 것으로 바꾸어 읽기도 하기 때문이다.

이제 마지막 문장을 보자. '낮달만한/ 적막이/ 지고 있다'. 무릎이 탁 쳐지는 탁월과 쾌재가 있다. '낮달만한/ 적막'이라니? 적막은 보이지 않는 정서 상태다. 그것을 보이는 대상인 낮달로 바꾼 저 솜씨는 다시금 범상한 것이 아니다. 작지만 큰 세상, 그것이 바로 시다. 칭찬의 말이 머무는 까닭이 거기에 있다.

3.
이 시집을 보면 3부로 구성되어 있다. 1부는 앞에서 살핀 바와 같이 성취감이 있는 작품들로 되어 있고, 2부는 여행시, 3부에는 행사시가 들어가 있다. 내 생각으로는 모든 작품이 1부와 같았으면 얼마나 좋을까 그런 생각이 없지 않다. 하나의 요구이고 아쉬움이다. 여행시와 행사시는 그런대로 필요성이나 의미가 있겠지만 작품 위주의 시인을 강조할 때는 지양해야 할 대상이다. 이 점을 시인은 알아서 다음 책에서부터는 본격적인 시로만 된 책을 들고 나와 우리를 기쁘게 해주기를 바란다. 모처럼 좋은 작품 여러 편을 만난 기쁨이 적지 않다. 저자에게 축하의 말씀을 드린다.